1120

POËME
FAIT L'ANNEE 1659.
SVR LA
SVSPENSION
D'ARMES.

A Monsievr de Lyonne,
Commandeur des Ordres du Roy, & Ministre d'Estat.

A PARIS,
Chez GVILLAVME DE LVYNE, Libraire Iuré,
au Palais, à la Sale des Merciers, à la Iustice.

M. DC. LX.
Auec Priuilege du Roy.

LA SVSPENSION D'ARMES.

ENCOR donc vne fois, & la Seine & le Tage,
Au bien de l'Vniuers, à l'honneur de cét Aage,
Veulent entre-lacer les myrtes aux roseaux
Qui leur parent le front sur leurs superbes eaux?
Nous allons donc reuoir par vn grand Hymenée
La Paix, la sainte Paix d'Oliues couronnée,
Remonter sur le Trosne, & d'vn Sceptre aymantin
Reünir tous les cœurs sous vn mesme Destin?
  O Ciel! qui l'auroit creu? quelle bouche d'Oracle
Eust iamais sçeu promettre vn si noble Miracle?
La Nouuelle en surprend, en charme les esprits,
Et le Siecle en auouë et la gloire & le prix.

A ij

Déja, de tous costez, l'esgale confiance
Que fait naistre l'espoir d'vne telle Alliance,
Dans les deux grands Estats cause vn si bel effet
Que la Suspension semble vn Calme parfait,
Elle est exacte en tout, reciproque & fidelle;
On doit par tout le Monde en prendre le modelle;
Et ie la considere, au iour qui m'en instruit,
Comme la digne Fleur d'vn admirable Fruit.
En l'odeur qu'elle espand elle n'est point suspecte;
Mars en cherit l'esclat, Bellonne la respecte;
Et mesme aux plus ardens, mesme aux plus inhumains
Au seul mot d'Amitié le Fer tombe des mains.
Il est vray que d'abord, contre le mot de Tréue,
Vn despit heroïque en leur ame s'esleue,
Sur tout dans la fierté de nos Auanturiers,
Qui parmy les Ciprés recherchent les Lauriers:
Il est vray qu'en leur fougue & si belle & si viue,
Ne pouuant accepter vne langueur oisiue,
Ils murmurent entr'eux, & de braues propos
Monstrent leur repugnance aux offres du repos,
Leur valeur, inuincible à la propre Victoire,
Estime tout relasche vn insulte à leur gloire,
Et l'honneur du Passé flatant leur souuenir,
Leur presente par tout l'honneur de l'Auenir.
De ce dernier Objet l'image & grande & forte
Leur esmeut tout le sang, les presse, les emporte;
Ils entrent en furie, & leur ambition
Se liure toute entiere à cette esmotion.

Mais si tost que leur cœur, instruit par leur oreille,
Apprend du beau Dessein la hauteur sans pareille,
Aux Armes il renonce, il esteint son courroux,
Et suit vn mouuement plus tranquille & plus doux.

 Ainsi voit-on la Mer sous vne aspre tempeste,
Au poinct que de ses Dieux elle apprend quelque Feste,
Refrener tout à coup l'orgueil de ses boüillons,
Et de ses Champs esmeus applanir les sillons ;
Les Vents les plus mutins dont elle est agitée
Suspendent aussi tost leur haleine irritée,
Et de peur de troubler cèt Acte solennel
Ils promettent à l'Onde vn Zephyre eternel.

 Enfin, de toutes parts, les Peuples dans la joye
De gouster le bon-heur que le Sort leur enuoye,
En benissent le Ciel, & de mille plaisirs
Par auance déja repaissent leurs desirs.

 Au lieu des durs apprests d'vne fiere Campagne
Déja l'on se dispose à marcher vers l'Espagne ;
Mais d'vn air pacifique, amoureux & discret,
Qui de l'Honneur futur entr'ouure le Secret.
Il se fait déja voir, il s'eschappe, il s'enuole,
Il va comme vn esclair de l'vn à l'autre Pole,
On le veut taire en vain, la Pompe le dément,
Et luy-mesme en son cours se trahit noblement.

 Il declare tout haut qu'vne adorable INFANTE,
Par vne Destinée heureuse & triomphante
Fait souspirer LOVIS, *& l'oblige à courir*
Vers l'objet qui le blesse, & qui le peut guerir,

A iij

Il dit qu'en cét Amour pour la belle TERESE,
Lors que les Elemens reposent à leur aise,
Que tout est assoupy, que la Nature dort,
Que l'Homme se deslasse en la douteuse Mort,
Ce jeune & rare Prince agité de ses peines,
Trouuant pour le sommeil toutes les heures vaines,
Veille, brusle, se plaint, au silence des Nuits,
Et par son propre espoir redouble ses ennuis.
Il dit de plus enfin, qu'en sa douleur profonde,
Sa main renonceroit à l'Empire du Monde,
Pour toucher seulement la main du cher Objet
Dont, tout grand Roy qu'il est, il se dit le Sujet.
 Si par le seul recit, si par les seules armes
Qu'vn illustre pinceau fait agir en ses charmes,
Ce Heros nompareil, ce Roy toûjours vainqueur,
A receu tant de coups dans l'œil & dans le cœur,
O Dieu! que i'en preuoy de sensibles attaintes
Lors que les veritez succederont aux feintes,
Et que par les trauaux de son grand CARDINAL,
Il en verra briller l'auguste Original!
 Puis que ce DEMY-DIEV, *ce merueilleux Genie,*
De l'entiere Concorde entreprend l'harmonie,
Ie tiens la chose faite, & comme sans second,
Du but de cét Employ luy-mesme il se respond:
Il le veut, il suffit; en son noble visage
Il en fait luire à tous le glorieux presage;
Et bien que son éclat m'en deffende l'accés,
I'y lis de ses desseins l'infaillible succés;

7

J'y voy tout accomply, aux yeux de la pensee;
L'Oeuure en preuient la fin dés qu'elle est commencée;
En douter, c'est erreur, & le plus ignorant
Sçait que de son pouuoir le Ciel mesme est garant.

    Aussi, fondant sur luy mes hautes Conjectures,
Ie perce d'vn regard les Tenebres futures,
J'anticippe les Temps, i'approche les Destins,
Ie voy cesser par tout les Orages mutins,
Et déja de la Paix l'aymable Auant-Courriere
Entre les Camps armez posant vne barriere,
Transmet de l'vn à l'autre, en despit d'Enyon*,   *Nom
L'Esprit d'intelligence, & de reünion.   de la Fu-
                                        rie de la
    La Cruelle en fremit, en blaspheme, en escume;   Guerre.
Et voyant d'vn œil sombre, où la rage s'allume,
Qu'on ne les separoit que pour les joindre mieux,
Tout l'orgueil des Enfers en pousse iusqu'aux Cieux:
Contre leur bel azur elle gronde, elle crache,
Les Serpens de sa teste en fureur elle arrache,
Se bat l'horrible sein, l'aspre léure se mord,
Auec son propre Fer tente sa propre Mort,
En pleure l'impuissance, à le rompre s'essaye,
Tasche encor d'en former tout du moins quelque playe,
Et jettant vn souspir visible, ardent, & noir,
Elle fait, en ces mots, hurler son desespoir.

    Doncques au seul aspect d'vne foible Ennemie
Qui n'est que lascheté, que honte, qu'infamie,
Apres l'honneur d'vn regne & si long, & si beau,
Il faudra que ie voye esteindre mon flambeau?

Donc apres les plaisirs du meurtre & du carnage,
Où des Fleuues de sang font les bains où ie nage,
Où ie plonge ma soif, raffraischis ma valeur,
Où ie ris de la perte, ou i'ayme le mal-heur,
Où mon œil est rauy des tristes funerailles
Qui couurent les guerets, qui bordent les murailles,
Ie me verray reduite, ô Destins trop cruels!
A iouïr simplement du crime des Duels?
Encor par des Edicts qu'on trouue & saints & iustes,
Faut-il les auouër? un Roy des plus augustes,
Vn Prince, dont le Nom, par tout fait tant de bruit,
En empesche la gloire, & m'en oste le fruit.

 Ah! vous me promettiez, friuoles Apparences,
Que malgré les efforts des sourdes Conferences,
Malgré tous les projets esbauchez dans Berny,
Mon cours de Siecle en Siecle iroit à l'infiny.
Vous me disiez sans cesse, en mes peines extremes,
Que les deux grands Seconds des Ministres supremes,
Lyonne, & Pimentel, pour l'vne & l'autre Cour,
Trauailleroyent en vain à me banir du iour:
Que cent difficultez, cent troubles, cent obstacles,
Feroient bien tost reuoir mes tragiques Spectacles;
Que tout estoit rompu, qu'on auoit tout quité:
Que chacun r'alumoit son animosité:
Que le flateur Espoir des plausibles Conquestes,
Immolant à mes pieds vn milion de testes
Dont les blesmes horreurs feroyent les doux appas,
Me donneroit encor tous les jeux du Trespas;

Repaistroit

Repaistroit mon desir, satisferoit ma veuë
Des coups de quelque main cruellement émeuë,
Qui sans humanité s'acharnant sur vn corps,
Voudroit apres la mort y pousser mille morts :
Car, pour ces beaux exploits qu'on vante, qu'on estime,
Où l'on cherche l'honneur plustost que la victime,
Je les laisse à Bellonne, & des maux seulement
Je fay mon bien, ma gloire, & mon contentement.
Et cependant enfin, ô puissant trait de foudre !
A quitter ces plaisirs il me faudra resoudre ;
On m'en viendra priuer, peut-estre pour iamais,
Et dans mon propre ennuy m'abismer desormais.
Et ie le permettray ? i'auray si peu d'audace
Que d'endurer qu'on ose, à mes yeux, face-à-face,
Parler icy d'accord, & prés de l'action
Suspendre de mon bras l'ardente fonction ?
Non non, plustost creuer que d'en souffrir l'iniure :
Ah ! ie m'en vengeray, ma colere le iure,
Mon cœur se le promet, & veut qu'à ce beau front
Ma main fasse payer l'insolence & l'affront.
 A ces terribles mots, la Furie orgueilleuse
Courant vers la Pucelle, en graces merueilleuse,
Qui du vouloir des Roys l'Ordre auoit apporté,
Luy veut faire sentir sa haine & sa fierté :
Le desespoir l'anime, elle empoigne le glaiue,
Contre ce bel Objet la pointe elle en esleue,
Luy porte coup sur coup, pour la mettre à l'enuers
Tantost d'vne estocade, & tantost d'vn reuers,

B

S'allonge, se retient, change & change de garde,
Enfin auec despit le Fer mesme elle darde,
Mais l'autre, d'vn baston, pris d'vn ieune Oliuier,
Pare, donne, & l'estend sur le moite grauier.
De douleur & de honte elle fait la pasmée,
Remplit d'estonnement & l'vne & l'autre Armée,
Y cause quelque ioye, en disparoist soudain,
Et laisse dans les cœurs vn risible dédain.
 Aussi-tost, d'vn bel air, la noble Messagere,
Dont le corps se couuroit d'vne estofe legere,
Dont le front estoit ceint des fueilles du Rameau,
Où brilloit en naissant, vn verd & pasle & beau,
Ouurant les saints tresors de sa diuine bouche,
Capable de flechir l'ame la plus farouche,
Capable de ranger le plus imperieux,
En fait oüir à tous ces propos serieux.
 N'opposez plus, Soldats, Camp-à-Camp, Ville-à-Ville,
Entre les vrays Chrestiens toute Guerre est ciuile;
Car comme ils n'ont qu'vn Dieu pour objet de leur Foy,
Sous tant de Roys diuers ils n'ont qu'vn mesme Roy,
L'Arbitre Souuerain, le grand Moteur du Monde,
Quoy qu'il veüille qu'en tout à son Ordre on responde,
Le demande bien plus du deuoir des Mortels
Qui consacrent leurs vœux sur de mesmes Autels.
Tous ces Noms differens que portent les Prouinces,
Ces Tiltres singuliers dont s'honorent les Princes,
Ne les diuisent point, en la varieté,
Quand le Culte commun fait leur Societé.

C'est vn Lien celeste, vne douce contrainte,
Dont ils doiuent cherir l'inuiolable estreinte,
Vn Nœu, que le respect les force d'auoüer,
Et que mesme sans crime on ne peut desnoüer.
  Que si par des raisons hautes & genereuses
Ils veulent employer leurs Armes valeureuses,
La Ville Adriatique aux nobles Citoyens,
Auec quelque reproche, en offre les moyens.
C'est-là, qu'au gré du Ciel, vnissant leurs Cohortes
Du Temple de la Gloire ils s'ouuriront les Portes;
C'est-là que secondant ces inuincibles Cœurs,
Ils auront les Lauriers dûs aux iustes Vainqueurs.
En chercher autre part, c'est vne chose vaine;
La Paix que ie deuance, ou plustost que i'ameine,
Va si bien s'establir entre vos Legions.
Va si bien allier vos amples Regions,
Va si bien faire voir aux Ames incredules
Ce que peuuent par tout les grands ressorts de IVLES,
Qu'à peine dans l'Europe (ostez-en quelques Lieux)
Le sang humain versé tirera l'eau des yeux.
  Quoy! ne suffit-il pas à vos mains obstinées
D'en auoir fait rougir tant de belles Années?
Leur cours, à vostre esgard, a-t'il duré si peu
Qu'en ce sang, vostre soif n'ait pû noyer son feu?
Pensiez-vous sans pitié, que vos sages Monarques,
Sur cette affreuse Mer voyant flotter leurs Barques,
A la triste mercy des vagues de la Mort,
Ne chercheroyent iamais la seureté du Port?

B ij

Croyiez-vous que toûjours, ces Princes venerables
Pour vous entretenir feroyent des Miserables?
Qu'ils se verroient sans fin durement obligez,
A surcharger d'Imposts leurs Peuples affligez?
Que le jour souhaité n'auroit jamais d'Aurore?
Qu'il feroit toûjours nuit? Et pour plus dire encore,
Que l'Oncle & le Neveu, que le Frere & la Sœur
Ne feroient iamais luire vn rayon de douceur?

    Non, ie n'ay iamais crû qu'vne erreur si grossiere,
Aux yeux de vostre esprit jettant de la poussiere,
En pûst, iusqu'à ce poinct, aueugler la raison,
Lors que vous songeriez à cette Liaison.
Mais auant peu de mois on la verra plus ferme:
ANNE la grande Reine, en fait haster le terme;
Et ses vœux exaucez joindront en ce beau jour
Les maximes d'Estat aux maximes d'Amour.

    Ayant si bien parlé, dit de si rares choses,
La Pucelle se taist, rejoint ses viues roses,
Se dérobe des yeux, fend les Airs estendus,
Et laisse les deux Camps rauis & suspendus.

    Noble & parfait Lyonne, à qui ma voix s'addresse,
Homme, dont la vertu, la prudence, & l'addresse,
T'ont rendu si fameux, t'ont esleué si haut
Auprés de ce Soleil sans tache, & sans deffaut;
Toy, dis-je, qui montant au graue Ministere
En possedois l'honneur auant le caractere,
Et fis voir aussi-tost, par la comparaison,
Qu'au choix de ton merite esclatoit la raison;

Enfin, toy que j'honore, & que depuis cinq Lustres
On a veu reüssir en tant d'Emplois illustres,
Tantost aux bords sacrez du grand Fleuue Romain,
Où vit son premier iour cét Homme plus qu'humain;
Tantost sur les sablons du riche Mançanare
Que doit quitter la Nimphe & si belle & si rare;
Et tantost prés du cours où le Mein renommé
De l'Empire Allemand le Chef a proclamé;
S'il te souuient encor, si j'ose encor te dire
Qu'autresfois tu te plûs aux hauts sons de ma Lyre;
Si tu ressens toûjours quelque amitié pour moy;
Si par de beaux motifs tu m'en gardes la foy;
Daigne approuuer ces Vers de ma Muse chenuë,
Mais qui de quelque ardeur est encor soustenuë,
Ces Vers, dis-je, formez sur la Suspension,
Sans songer que le mot en rime à Pension.

       S^t. AMANT.

Extraict du Priuilege du Roy.

PAr Grace & Priuilege du Roy, donné à Paris le 10. Octobre 1653. il est permis à nostre bien-amé le Sieur de Sainct Amant de faire imprimer vne Piece en Vers de sa composition, intitulée *Poëme fait l'année 1659. sur la Suspension d'Armes*, pendant le temps de vingt annees, & deffences sont faites à tous autres de l'imprimer, vendre ny debiter, sur peine de trois mil liures d'amande, & de tous despens, dommages & interests, comme il est plus amplement porté par lesdites Lettres.

Et ledit Sieur de Sainct Amant aceddé ses droicts à Guillaume de Luyne, suiuant l'accord fait entr'eux.

www.ingramcontent.com/pod-product-compliance
Lightning Source LLC
Chambersburg PA
CBHW061614040426
42450CB00010B/2476